ENSEÑANZAS DE GRIGORI GRABOVOI SOBRE DIOS.

MÉTODOS DE REJUVENECIMIENTO EN LA VIDA ETERNA

Webinario de autor, creado por
Grigori Grabovoi
12 de octubre de 2015

GRABOVOI GRIGORI PETROVICH

Traducción del ruso al español, Carmen Cid Díaz y Natalia Volodina, noviembre 2019

ISBN:9798674978541

IEEGG, Instituto Español de Estudios de Grigori Grabovoi
www.cursosgrabovoi.com

Grabovoi G.P.

Enseñanzas de Grigori Grabovoi sobre Dios. Métodos de rejuvenecimiento en la vida eterna. 2015.-32p.

El texto de la obra fue creado por primera vez por Grabovoi Grigori Petrovich en el momento de celebración del webinario "12 de octubre del año 2015". Durante la creación del webinario se aplicaba el método del desarrollo eterno con el pronóstico exacto de los eventos futuros. Los protocolos y testimonios editados en la trilogía "Práctica de gestión. Camino de la salvación" confirman al 100% los pronósticos de Grabovoi G. P. Creando el texto del webinario Grabovoi G.P. primero recibía el pronóstico exacto de los eventos futuros, y después creaba el texto que enseñaba el desarrollo eterno, teniendo en cuenta los eventos futuros muy precisos, relacionados con cada ser y el mundo entero.

Hola soy Carmen Cid, estoy traduciendo y publicando los libros del Dr. Grabovoi, a veces directamente y otras veces con ayuda de alumnas que me brindan su ayuda para hacéroslos llegar de la forma más pura posible.

Me gustaría que conocierais un poco más de mí y porque me dedico a esto. En 2016 conocí el trabajo del Dr. Grabovoi y viajé a **Belgrado en abril de ese mismo año** para formarme como **Profesora de su método**. Pude conocer y estar con el Dr. Grabovoi durante el curso, y aprender de él y entonces decidí y supe desde lo más profundo de mi ser que transmitir y enseñar estos métodos iba a ser mi contribución a generar un mundo perfecto y maravilloso como siempre debió ser, así que volví a Belgrado de nuevo para mejorar mis estudios y práctica de su método en **abril de 2017, y de nuevo en 2020, y pienso volver todas las veces que pueda para seguir aprendiendo y mejorando.**

Tengo el número de **sublicencia E223SP** que me permite dar cursos en su nombre y estoy organizando dichos cursos sobre el Método Grabovoi, tanto presencial como en forma "on line" desde hace varios años. Tengo también las **sublicencias: A264ESP – P472ESP** que me permiten traducir y comercializar sus libros, que puedes encontrar también en mi web en formato pdf, así como con el dispositivo PRK-1U.

En septiembre de 2016 en Madrid, **fundé el INSTITUTO ESPAÑOL DE ESTUDIOS DE GRIGORI GRABOVOI,** cuyo propósito es difundir y hacer llegar todas las enseñanzas del Dr. Grabovoi de forma sencilla y fácil para todos.

Podéis, para más información, visitar mi página web: www.cursosgrabovoi.com

Puedes también visitar mi canal de You Tube **"INSTITUTO ESPAÑOL GRABOVOI por Carmen Cid"**, y nuestro canal en TIKTOK **"@grabovoiporcarmencid"** donde podéis encontrar videos con información, Secuencias y Tecnologías de forma gratuita.

También podéis seguirnos en Facebook en la Página del **INSTITUTO ESPAÑOL DE ESTUDIOS DE GRIGORI GRABOVOI y en INSTAGRAM** en: **ieeg_grabovoi**, así como en **Telegram** en nuestro canal: **GRABOVOI POR CARMEN CID (ES)** donde cada domingo nos reunimos para trabajar por la Macrosalvación, así como aprender a profundizar en las enseñanzas del Dr.

Espero de corazón que este libro te ayude a mejorar y cambiar tu vida como las enseñanzas del Dr. Grabovoi hizo conmigo y si tienes dudas o quieres consultar alguna cosa, por favor escríbenos al mail: info@cursosgrabovoi.com

Un abrazo y ¡¡que lo disfrutes!!

Carmen Cid

AGRADECIMIENTOS

Quiero expresar todo mi agradecimiento a mi queridísima alumna **Natalia Volodina**, por su ayuda inestimable, sin la cual este libro hubiera tardado mucho más tiempo en ver la luz en el idioma español.

Este libro, su original en ruso, viajo conmigo desde Serbia en el año 2016 con la esperanza de algún día poder ser traducido y que llegase a cuanta más gente mejor, tras varios años en mi estantería, el Universo/Creador hizo llegar a mí a **Natalia**, que al realizar uno de nuestros cursos y tener muy buenos resultados se ofreció amable y desinteresadamente a traducirlo. No puedo estar más agradecida, sin ella, quien sabe cuánto tiempo más este conocimiento hubiera tardado en llegar a nosotros los hispanoparlantes.

Mi queridísima Natalia, ya te lo he dicho, pero lo reitero aquí en público, **GRACIAS INFINITAS** de corazón por haberme elegido como tu profe en estas enseñanzas, y haberme enseñado tanto tú a mí, como yo a ti.

Seguimos aprendiendo… ¡¡adelante, siempre adelante por la Macrosalvacion!

Carmen Cid

Sublicenciada E223SP – A264ESP – P472ESP

Webinario de autor, creado por
Grigori Grabovoi
12 de octubre de 2015

12 de octubre del 2015

¡Buenos días!

Tema del webinario - "Enseñanzas de Grigori Grabovoi sobre Dios. Métodos de rejuvenecimiento en la vida eterna".

Para el estudio de diversos métodos de rejuvenecimiento aplicaremos una serie de enfoques. Ante todo, será examinado el modelo físico, más común en la Consciencia Colectiva.

De esta forma, hablamos que ante todo se usará el enfoque con la utilización del principio físico de la estructura del mundo. Como se sabe, las micropartículas pueden considerarse tanto como onda, y como partícula. Y al observar el nivel de ondas de la estructura del mundo se puede observar el siguiente proceso.

Ante todo, el método de rejuvenecimiento con el uso del principio de ondas, consiste en desdoblar la longitud de la onda. Al mismo tiempo, todo el cuerpo se estudia al nivel de onda. Al considerar el átomo como una onda, podemos, a través de la resonancia de otra onda, dar al nivel atómico la propiedad deseada. En este caso, las propiedades deben coincidir con un cuerpo joven. Para ello, es necesario conocer la fuente, que en la vida eterna podría crear tal resonancia constantemente (donde esa resonancia se generaría constantemente). Al mismo tiempo, si consideramos la fuente que se relaciona con la eternidad, entonces este es el pensamiento humano. Es fácil observar, que el pensamiento humano surge sin uso de recursos físicos del organismo. El Creador ha creado el mundo usando información externa. De la misma forma podemos observar nuestros pensamientos, el origen a través del cual el pensamiento surge sin recursos del organismo.

Lógicamente es comprensible, ya que el organismo está estudiado, y el pensamiento, es la información externa. Entonces, a través del acceso a la información externa a través de nuestra Consciencia recibimos el origen de alimentación del pensamiento. Este origen se define adicionalmente por la siguiente secuencia numérica: 848741.

Por lo siguiente, a través de esa secuencia numérica nos situamos inmediatamente en la coordenada correcta, de la cual podemos dirigir la onda de resonancia reforzada al átomo deseado y la molécula deseada, respectivamente.

Todo el organismo se puede describir con la teoría de ondas. Por lo tanto, para rejuvenecer el cuerpo usando el origen eterno, hay que dirigir la onda de luz del pensamiento a las coordenadas de átomos en el organismo humano. En el Instituto de Radioelectrónica fue creada una videocámara cuántica capaz de detectar la luz de la mente. Si dirigimos dicha videocámara hacia el ser humano, entonces la luz de sus pensamientos se distingue en la parte de la cabeza.

Usando secuencia numérica, es preciso concentrarse en determinadas partes cerca de la cabeza. Y cuando trabajamos con onda de resonancia, hay que amplificarla. Para amplificar la onda surgida del pensamiento y extenderla a su nivel molecular-atómico, se debe usar la concentración en objetos externos. Al concentrarse en objetos externos, debe tenerse en cuenta que hay un cierto nivel de conocimiento del Alma humana.

Cuando el Alma está conociendo el mundo, ella ya posee conocimientos, y al mismo tiempo los obtiene de la información externa. Con este enfoque, se puede obtener información aumentando la velocidad. Quiere decir, que la información externa, para lograrlo, tiene que acelerar la onda con tal rapidez como si ya estuviera dentro del cuerpo. En la práctica se ve más o menos así, cuando se mueve rápidamente la vista, abarca de manera simultánea las dos áreas más cercanas. De esta manera, mentalmente podemos imaginar una rápida acción del Espíritu, el que mueve la luz desde el espacio exterior hacia dentro del cuerpo. El espíritu es infinito, por eso lo hace al instante. Para el Espíritu, es lo mismo, tanto la información fuera del cuerpo, como dentro, debido a su infinitud. El Creador también percibe todo como unidad, por eso infinita información externa entra en el cuerpo. En mis patentes "Sistema de transmisión de la información", por ejemplo, está escrito que la señal existe casi simultáneamente tanto en la fuente, como en el receptor. El mismo principio y el método se aplica en la patente "Método de prevención de desastres y el dispositivo para su aplicación". Entonces, al amplificar de esta manera la onda que sale del pensamiento, obtenemos el rejuvenecimiento a través de la normalización de la onda que corresponde al átomo: amplificamos la onda que corresponde al rejuvenecimiento a través del átomo.

De aquí podemos llegar a la conclusión, que la tarea principal, es asignar lo que exactamente se debe gestionar en cada nivel. Podemos llegar a la conclusión de que aquí lo principal es asignar con exactitud lo que se hace en cada nivel de gestión. El objetivo, como se sabe, es hacer llegar la onda del pensamiento al átomo, y la radiación externa del medio ambiente se utiliza únicamente como amplificación de esta onda. Por ejemplo, en el dispositivo "Método de prevención de desastres y el dispositivo para su aplicación" el amplificador es una pequeña radiación láser-externa. La función de la patente es la normalización de la información en el área del control. En este caso el ser humano hace el mismo trabajo por medio de su mente.

Siguiente objetivo: es necesario identificar los puntos de acceso en su cuerpo para entrar en los átomos específicos, a través de los cuales se gestiona el rejuvenecimiento. Para identificar los puntos de los accesos en el cuerpo, se requiere abordar la tarea de garantizar la vida eterna. Es decir, con la visión espiritual oculta ver todos sus eventos en el infinito, los eventos de la propia vida, o la de otra persona, en relación a quien se trabaja, precisamente en el infinito. En el espectro de eventos determinar el espectro infinito, allá donde los eventos de la vida no se terminan. Y determinar, a qué parte del cuerpo llegan los rayos de ese espectro, de esa fuente.

Metodológicamente, es bastante simple: en tres metros y pico, aproximadamente, observar el punto de ese espectro, del cual salen los rayos hacia su cuerpo, o al de otra persona, o de todos los seres vivos, si su objetivo es proporcionar la vida eterna a otra persona o a todo el mundo. Estos puntos se sienten con claridad. Se puede decir así: puntos claramente perceptibles en el cuerpo debido a estar concentrado.

Existe un concepto, como "el viento del sol", el que puede mover hasta los objetos físicos en el vacío. Se siente algo como presión, del aire concentrado en la piel. Algunas personas sienten eso enseguida, como alguna caricia o alguna onda suave dentro del cuerpo en algunos órganos internos. Así funciona la percepción de la persona. La percepción se desarrolla hasta el nivel de fusión de la realidad percibida con la situación física real en el mundo.

En este método hay un submétodo, el que permite instantáneamente desarrollar la percepción de la persona con exacta unión con la realidad, con la realidad que rige. Por ejemplo, cuando estoy diagnosticando a los aviones, entonces encuentro el defecto el que está en la realidad o la norma del estado técnico del avión. También, yo puedo imaginar, que el estado técnico del avión es normal, pero en la información de la gestión, la esfera de la percepción está al lado del avión y no está unida al avión. Entonces, a la esfera de percepción, hay que unirla al avión con la voluntad para hacer el diagnóstico exacto.

La clave de este submétodo consiste en unir a la onda correspondiente a la juventud con la onda (actual) a la que se desea transformar en la onda correspondiente al cuerpo más joven. Entonces, ustedes sienten los rayos externos y simultáneamente trabajan a través de su percepción. Los rayos externos ya contienen la información de la gestión hacia el rejuvenecimiento y ustedes tienen que darles más información por medio de su mente. Para eso hay que imaginarse más joven: tanto como cada uno quiera. También se puede usar el método de autodiagnóstico y nivel de activación de onda específica para rejuvenecimiento, por ejemplo, de órganos internos.

Existen muchos métodos sobre como informar a la mente, incluso, se puede usar un submétodo, cuando la percepción (imaginación) se convierte rápido en la realidad que rige.

Para eso, en la esfera del pensamiento, hay que resaltar la esfera de gestión, después resaltar la esfera de eventos reales. Para los que llevan tiempo gestionando, normalmente esas esferas coinciden a la vez. Por lo tanto, este nivel de conciencia del pensamiento se refiere a aquellos que comienzan a trabajar en el campo de la gestión. Quien lleva tiempo trabajando en el campo de gestión, y por lo tanto esas esferas coinciden, la tarea consiste en hacerlo a la inversa, separar las esferas, resaltando la esfera de la gestión, como si fuera traerla de regreso.

Hay que saber hacer el trabajo del nivel principiante, para que ustedes puedan enseñar al principiante a hacer gestiones de la creación de la vida eterna, de forma rápida y sencilla. Como en mi Enseñanza se realizan las tecnologías de formación entonces, las partes componentes de la formación, las que permiten enseñar de forma efectiva, a veces hay que desarrollar específicamente, es decir, detallar el proceso de la gestión. Al formar de esa manera una de las opciones de su pensamiento interno, hay que trasladar con la voluntad la luz de la parte del pensamiento, la que se visualiza en el área principal de la cabeza, trasladarla al punto de entorno externo, es decir, amplificar este pensamiento. El punto de entorno externo está por lo general cerca de la derecha de la cara, próximo al hombro derecho, como ya he dicho, se sitúa aproximadamente a tres metros de la persona y por lo general cerca de la cara, hacía la derecha, hacia el hombro derecho. Y desde ese punto hay que observar, cómo el pensamiento de rejuvenecimiento por los rayos de información llega a los puntos del organismo, donde ustedes sintieron la concentración. Bueno, se tuvo en cuenta lo que yo he dicho, cuando los rayos externos parecidos al viento solar, presionan el tejido de la piel. Si estudiamos las propiedades benéficas de los rayos violetas para la piel, y todo el organismo, en este caso, por analogía podemos estudiar el beneficio de esos mismos rayos del pensamiento y ambiente externo. Observen el proceso a nivel informativo, como la piel y el organismo absorben los rayos violetas. Y absorban los rayos en sus pensamientos de rejuvenecimiento de esta misma manera, desde el comienzo.

Observar a nivel informativo como se absorben los rayos ultravioletas es bastante simple: Hay que establecer un objetivo y simplemente observar cómo transcurren los procesos de interacción de luz de esta forma. La definición consiste en que ustedes quieren ver, cómo los rayos ultravioletas llegan al organismo en su efecto positivo.

Se puede observar, que allí existe el efecto de la doble onda: comenzando con una onda y simultáneamente surge otra, como si fuera en el mismo lugar, y es absorbida rápidamente. Ustedes pueden observar este proceso, que los rayos ultravioletas son absorbidas y causan efecto a través de los sistemas de ondas, no (sistemas) biológicos. Para eso hay que observar, como si fuera desde la parte interna de la piel cómo los rayos llegan a ésta, observar a la piel en forma de ondas y ver cómo penetran en ella.

Al mismo tiempo, con la mirada espiritual oculta explorar por qué ellos traen beneficio al organismo, en qué órganos se distribuyen una onda u ondas. Si algunas partes no están muy definidas o tienen color opaco, entonces se puede usar el submétodo, cuando la imaginación se convierte instantáneamente en gestión real. Al trabajar dentro del cuerpo con el nivel de ondas esto puede ocurrir muy rápido.

Así, la esfera de eventos reales se encuentra en el área del corazón, más o menos a cinco centímetros de la piel, fuera del organismo. Y la esfera de gestión está en el área del hemisferio derecho del cerebro, aproximadamente a siete centímetros de la piel. Esas esferas se detectan también por medio de tecnología, por medio del control de dispositivos. De esta forma la esfera del área del hemisferio derecho rápidamente se une a la esfera del área del corazón. Así ustedes podrán ver de manera rápida el efecto de la acción de los rayos ultravioletas y en qué órganos y sistemas por lo general actúan positivamente.

A diferencia de los rayos ultravioletas, los rayos de su pensamiento actúan de tal manera, que vuestro organismo pudiera vivir eternamente. Estudiando desde el comienzo la acción de las ondas de los rayos ultravioletas, hay que imaginar, qué pasaría si estas acciones fueran eternas. Y entonces, ustedes podrán detectar los puntos más claros en su cuerpo, estudiando a sí mismo o a otros. Y así ustedes podrán considerar (observar) la función de imaginación desarrollada hacia el infinito y en el transcurso de este proceso definir, que las manchas más claras en el cuerpo humano más o menos coinciden con los puntos que llegaron de afuera y del punto del ambiente exterior, situados a tres metros del organismo.

Por ejemplo, cuando yo escribo secuencias numéricas para algún proceso de gestión, esencialmente también yo programo las coordenadas de acceso del pensamiento a nivel atómico y tejido humano, o al entorno externo. Por ejemplo, en el "Atlas Numérico de la creación del ser humano y la vida eterna" se encuentra el sistema de coordenadas tanto del área externa, como interna respecto al organismo, y las relaciones internas entre ambos sistemas.

Es necesario encontrar puntos de conexión entre los rayos externos, los que salían del punto situado a tres metros de usted u otra persona con quien trabaja, en las áreas que se reflejaron gracias a la imaginación (percepción), que los rayos violetas son infinitos y proporcionan el desarrollo eterno. Encontrando esos puntos, ustedes podrán ver la forma del cuerpo físico del ser humano, incluso podrán observarlo con su mirada espiritual.

Aplicando el principio de precisión y exactitud, ustedes podrán determinar de forma precisa (exacta) los puntos de la entrada de esos rayos a la piel del organismo. Se trata de los "rayos" del punto, que se encuentra a tres metros del organismo, los que contienen la información del pensamiento que rejuvenece. Y eso es todo respecto a la tecnología del dicho método.

Ustedes reciben la información de juventud a cuenta del pensamiento, y el pensamiento posee la cualidad de eterno recibir de la información de la energía de luz. El pensamiento no desgasta ningún tejido del organismo, y a la vez es un nivel activo. La estructuración del pensamiento correcta, brinda la oportunidad de estar rejuveneciendo al organismo eternamente.

El siguiente método de rejuvenecimiento en la vida eterna, consiste en que ustedes aplican la función del desarrollo espiritual para determinar la función del rejuvenecimiento del Alma.

Para esto, es necesario desarrollar la Consciencia hasta tal nivel, que la Consciencia activa en sí misma la posibilidad de conocimiento de rejuvenecimiento del Alma. Cuanto más vive la persona más información acumula el Alma y más posibilidades tienen de rejuvenecer. Al desarrollarse eternamente, es decir, al vivir eternamente, esta función establece, precisamente lo que es la edad del Alma. Es decir, por parte del Alma se realiza el trabajo como si fuera, fuera del tiempo y, básicamente, se están gestionando los procesos de los eventos. Inicialmente el Alma ha sido creada en la estructura del mundo, por eso ella regresa a su estado más natural.

El método consiste en mirar, a través de la visión espiritual su Alma, así ella rejuvenece. Partiendo del punto de la fijación de la edad del Alma en la vida eterna, simplemente se puede gestionar en el movimiento en ese punto a través de la Consciencia y al mismo tiempo el movimiento de ese punto hacia el cuerpo humano. Se puede comprender, que este movimiento estará dentro del cuerpo. El Alma que está dentro del cuerpo, reproduce este punto fuera de sí, en alguna distancia del cuerpo. Resulta que todo lo de afuera está reproducido con la acción del cuerpo donde muchos factores están conectados: Alma, Espíritu, Consciencia y cuerpo.

El Creador ha creado el mundo exterior, partiendo de sí mismo, de su personalidad. Aplicando dicho principio, en este método se puede ver, que la observación de rejuvenecimiento del Alma, es su (vuestro) estado interior, que se hace constantemente. Es requerido, simplemente, sacar de su pensamiento, donde se está formando la estructura de rejuvenecimiento para ustedes o los demás, y trasladar ese pensamiento en el área de acción espiritual, y verán en el Alma, que esto ya existe. Por lo general, en el Alma ya existe todo desde un principio.

Entonces, verán exactamente ese punto en el Alma, esa área, que corresponde a una determinada edad o juventud. Este punto en el cuerpo, puede observarse (verse) como área de la piel, como pequeña área en la piel, y por supuesto en el organismo. Es decir, se puede observar en qué órgano. Allí podrán ver, el contacto del Alma con ese órgano, y respectivamente fijar el estado de juventud por medio de acción de la Consciencia y el Alma.

El cuerpo, como el resultado de la estructura del Alma, como si recordara ese estado. Las personas experimentan esos estados a menudo, cuando descansan en algún lugar, por ejemplo, en el mar, o en otras circunstancias cuando la persona se relaja y percibe algunas ondas de juventud. En este momento, realmente, como en los momentos de descanso, ocurre rejuvenecimiento. Simplemente, si a cuenta de la Consciencia y conocimiento de estos procesos de los que hablé, aumentando esto, se puede crear la juventud eterna.

En este método es importante recalcar, que cuando ustedes fijan el estado de Alma más joven, cuando observan cómo el Alma rejuvenece, ustedes mismos llevan ese pensamiento al Alma. La unión completa entre el Alma, la Consciencia, el Espíritu y el cuerpo, que también es la fuente de la juventud eterna.

Con esto finalizo la conferencia. En el transcurso de 10 minutos se puede hacer las preguntas tanto acerca del material de esa conferencia, como cualquier otra pregunta respecto a mis Enseñanzas. Después de tener las preguntas, en la segunda parte del webinario, las voy a responder.

A las preguntas que se quedarán sin respuesta procuraremos contestar, con la ayuda de mi equipo, a los correos electrónicos de los que recibimos preguntas. El material del dicho webinario estará enviado en formato de texto en ruso e inglés a todos los participantes del webinario y respectivamente estará adjuntado el enlace de videoconferencia.

Muchas gracias por su atención y participación.

Ahora vamos a continuar respondiendo a sus preguntas. Entonces, ya recibimos una serie de preguntas. Ahora empiezo a responder a las preguntas hechas después de la primera parte del webinario. Y respecto a eso, llamo la atención, como el webinario ha transcurrido en el tiempo real, intenten por favor, seguir la información y simultáneamente poner en práctica a nivel de gestión.

Primera parte de preguntas —ahora voy a comunicar— implica la organización del webinario, por ejemplo, si la grabación de audio será reenviada.

Naturalmente, la grabación de audio será reenviada también. Y pregunta: ¿Es posible recibir la traducción en francés?

Sí, es posible. Simplemente se requiere enviar la solicitud (petición) desde un email concreto. Para más adelante está planeado hacer webinarios no solo en inglés, sino en otros idiomas también simultáneamente.

Siguiente pregunta, ya respecto a la parte de la gestión de tecnologías, está formulada de la siguiente manera: "Según las Enseñanzas de Grigori Grabovoi se debe aprender a gestionar la realidad por medio del estado de Conciencia habitual. ¿Qué es, así llamado "desdoblamiento astral" durante el sueño? y ¿es necesario intentar controlarlo?

Si, exactamente, en mis Enseñanzas se trata de gestionar por medio del estado de Consciencia habitual. El concepto "desdoblamiento astral" en el sueño, es un concepto subjetivo, que se refiere más a la psicología de experiencias, psicología de emociones. La mente tiene muchos ángulos, y los pensamientos se puede observar desde distintos ángulos. Si imaginamos nuestro pensamiento ante nuestro cuerpo físico, a distancia de siete metros más o menos, y observar dicho pensamiento por medio de la visión espiritual desde arriba, se podrá ver los contornos del cuerpo físico de una persona. Y al acercarse, se podrá ver que el cuerpo puede parecer a su cuerpo también. Es decir, por medio de visión espiritual se puede ampliar como si fuera a través de una lupa, acercar la imagen, como en una cámara de fotos.

Durante el sueño funciona un determinado control externo sobre el intercambio de pensamientos. La mente humana tiene doble función: una sola función, es la salida del pensamiento al espacio exterior, y otra función del pensamiento, durante el sueño, es la función de la creación de la forma del cuerpo. Lo que significa, la información del pensamiento durante el sueño, en forma de determinada energía de luz cubre el cuerpo físico y la persona duerme, como si fuera bajo un manto del pensamiento. Por cierto, un buen método de descanso, si se imagina, que el pensamiento cubre el cuerpo de la persona, entonces la persona descansa más rápido, incluso si no duerme. Al proporcionar la vida eterna, es importante saber descansar de forma activa e intensiva, hasta fuera de las horas de sueño.

Entonces, la segunda parte del pensamiento, la que salta al espacio exterior, desde fuera puede recordar el cuerpo físico. En este caso, el pensamiento como forma de la Consciencia se desarrolla y al mismo tiempo recibe información del infinito espacio exterior y del Creador. Por eso, cuando se habla sobre el desdoblamiento astral durante el sueño, eso puede ser una simple observación de los ángulos del pensamiento. Dicho proceso no requiere un control especial excepto, si es necesario, métodos comunes de la gestión, por ejemplo, con mis Enseñanzas, y en su mayor parte tiene que ver con la percepción subjetiva del ser humano, precisamente de su cuerpo en forma de estructura del pensamiento.

En la estructura de gestión de acuerdo a las Enseñanzas no hay conceptos tan radicales, como "desdoblamiento astral", por eso, si dicha información produce algún tipo de preocupación, o requiere atención complementaria, es más fácil normalizar este elemento por medio de la gestión, trabajando desde el estado habitual de la Conciencia. La manera más óptima para trabajar con las tecnologías de las Enseñanzas —cuando es posible, en términos de tranquilidad— es una reflexión tranquila y gestión a través de la lógica de gestión.

En el caso de usar algún otro principio, por ejemplo, emocional, es importante hacer seguimiento para realizar las tecnologías de gestión. A menudo, precisamente en asuntos cotidianos, en presencia de cualquier información —similares, por ejemplo, al tema del desdoblamiento astral, etc...— surgen muchas fuentes informativas. En estas condiciones, es muy importante realizar la meta de la gestión de acuerdo a las Enseñanzas. Si no progresan en el tiempo actual, se puede trabajar con la información del pasado, realizando acciones necesarias en la información del pasado.

Para proporcionar (garantizar) la vida eterna, lo esencial es tener la habilidad de crear eventos necesarios en el tiempo preciso en el futuro. Por eso cuando ustedes reciben distinta información de ese tipo, aquí es muy importante no distraerse, y realizar tecnologías precisamente según los métodos de la creación para proporcionar la vida eterna.

Siguiente pregunta, ¿cómo uno mismo puede comprender (saber), que ha realizado acción espiritual? ¿Cómo se puede hacer y organizarlo de la forma más exacta?

Para comprender, que una persona ha realizado una acción espiritual, es necesario llevar la atención al nivel del corazón, después concentrarse en la columna, mentalmente imaginar una luz plateada en la punta de los dedos. Después llevar esa luz plateada con los rayos de pensamiento a la zona del corazón. Y al realizar eso, dentro de ustedes aparecerá una figura en forma de cono, cuyo vértice mira hacia abajo.

Para determinar una acción espiritual hecha a la perfección, ustedes tendrán que observar dentro de ese cono una luz blanca plateada. Si esta luz es floja, o no aparece, entonces para ser más exacto realizando esta acción espiritual, de acuerdo a la tecnología, hay que repetirlo.

Aquella parte de la pregunta, dónde se dice cómo organizar de la forma más exacta, aquí hay que esperar hasta que dentro del cono aparezca la luz. Primer modo de repetir acción es muy simple: como existe el material en forma de texto, simplemente leer una parte concreta del texto. Si la luz no aparece en la forma como es debido —normalmente gracias al texto, la luz ya comienza a aparecer dentro del cono— entonces hay que visualizar, percibir con más amplitud la estructura del texto a través de imágenes visuales.

Se trata de "imágenes visuales" de las que hablamos en concreto en tecnologías: por ejemplo, en la primera parte del webinario, se habla del punto situado aproximadamente a tres metros de la persona. Al tener gestión de clarividencia bastante desarrollada, ese punto se ve desde un comienzo, es decir, se encuentra en el medio ambiente como estructura de la realidad objetiva. Esos puntos también se detectan con sistemas de dispositivos. Por eso, el objetivo es simplemente dirigir nuestro pensamiento precisamente en esa área, en ese punto. Lo mismo se aplica a la acción espiritual.

En el sistema de trabajo con la (de la gestión) información óptica de la realidad lo más importante es la ruta exacta, y las coordenadas de gestión exactas. Y teniendo estas coordenadas, ustedes reciben respectivamente esa acción espiritual de la que se trata en las tecnologías, es decir, esto tiene que reflejarse en forma de de la parte iluminada en el centro, precisamente en el cono.

La siguiente pregunta es: ¿cómo se puede detectar, que el proceso de construcción del cuerpo a base espiritual ya está en marcha? ¿Si estos cambios van a ocurrir paso por paso en cada órgano, o de alguna otra manera? ¿Y si esto tiene que ver con el tema de la vida eterna?

Se trata de que en la estructura de la realización de la vida eterna sean muy significantes tanto el sistema del desarrollo espiritual, como el sistema de la organización del desarrollo para el cuerpo biológico. Por eso, respondiendo a la tercera parte de la pregunta, esto tiene que ver con el tema de la vida eterna junto con el garantizar todo lo requerido por el cuerpo biológico, cuerpo físico, para su vida eterna.

Aquella parte de la conferencia, en la que tratamos sobre la gestión usando niveles de luz del plano espiritual, estos niveles están conectados con el suministro, justo de todos los sistemas de la vida eterna del cuerpo físico, incluyendo el sistema de eventos. Por eso hablamos, de garantizar de que el cuerpo físico esté desarrollándose dentro de la norma, es decir, la norma biológica del cuerpo, y allí, es necesario que el cuerpo físico se desarrollara de la manera obligatoria, a través de las acciones espirituales: justo las acciones espirituales serían la garantía del desarrollo eterno del cuerpo físico.

De esta forma, aquí justo en la pregunta en relación de transición al nivel espiritual para estructuración del cuerpo, aquí se debe recalcar que es el nivel espiritual el que gestiona. Se trata del mismo cuerpo físico, el que está tan desarrollado, que la gestión espiritual le conduce a la vida eterna del dicho cuerpo, físico, biológico. En las condiciones del desarrollo eterno, infinito, y desarrollo eterno del espacio, la tarea de las tecnologías de las

Enseñanzas consiste en conservar como forma de vida el cuerpo físico humano, para evitar que con el tiempo ocurran algunas mutaciones, y para evitar la sustitución del cuerpo humano con sistemas cibernéticos.

Por eso el desarrollo espiritual tiene que registrar, como una especie de matriz, todo el tiempo el cuerpo físico existente en el momento actual, que posee el ser humano. En este sentido, esa es la respuesta a la tercera parte de la pregunta, que sí, el desarrollo espiritual tiene relación con el tema de la vida eterna, en este sentido también. En el desarrollo de la dirección científica relacionado con la estructura del mundo a base de principio de ondas, muchas estructuras del desarrollo objetivo espiritual preciso, serán determinadas en forma de específicos modelos matemáticos y físico- matemáticos.

Parte de las representaciones formales matemáticas específicas de este proceso yo realizaba por medio de los sistemas matemáticos superiores, por medio de análisis tensorial: una materia de matemáticas- análisis tensorial. Y en relación con esto, se puede decir, que muchas materias con el tiempo se definirán exactamente: cuándo realizar más la función biológica del cuerpo, y cuando enfocarse más en la gestión espiritual para garantizar la función biológica, aunque actualmente la metodología de las Enseñanzas ya permite hacerlo.

Siguiente pregunta trata el tema, que en la Conciencia Colectiva se habían introducido las ideas del Cristo hace dos mil años. Lentamente se toma conciencia de diversos principios: "no mates", "no robes". El sentido de la pregunta trata de que tenga que pasar, para que el rejuvenecimiento y otras ideas de la vida eterna se realicen bastante rápido, en vez de alargarse por mucho tiempo.

Ante todo, esto, yo considero que es así, aprendizaje sistemático para la garantizar (proporcionar) la vida eterna. En este caso, una vez más hay que prestar la atención al hecho de que estoy enseñando el rejuvenecimiento para lograr la vida eterna, no solo rejuvenecimiento. Por lo tanto, el rejuvenecimiento en este caso es una de las herramientas para lograr la vida eterna y la necesidad de rejuvenecer periódicamente. Y la asimilación de estos conocimientos sistémicos en esta dirección implican la asimilación y otras direcciones de la vida eterna.

Para que la asimilación sea sistemática dentro de la estructura de mis Enseñanzas, hay que estudiar de forma más concreta todas

21

las preguntas relacionadas con el desarrollo de las Enseñanzas. Teniendo en cuenta, que las Enseñanzas estarán desarrollándose eternamente, para el desarrollo sistemático es necesario estudiarlas desde un comienzo. Entonces, la práctica de las Enseñanzas será comprendida más rápido, y más rápido serán asimilados los fundamentos teóricos.

Ahora para eso en la plataforma grigori-grabovoi.world existe la posibilidad de hacer cursos que enseñan de acuerdo al "Programa educativo de Las Enseñanzas de Grigori Grabovoi" El curso comienza desde "El curso de la introducción", donde están reflejadas diversas características, se dan los conceptos fundamentales y las áreas de realización de las Enseñanzas. Y después, desde las primeras lecturas, seminarios, se expone el material de las Enseñanzas, se proporcionan las pruebas de evidencia científica sobre la implementación obligatoria de las Enseñanzas, se dan ejercicios prácticos y sistemas metódicos que permiten aprenderlos.

De esta manera, de acuerdo al programa universitario, desde el 5 de octubre ya comenzó el año académico: ahora está en transcurso el primer semestre. El plan educativo incluye la posibilidad de estudiar manuales individuales. La práctica de la salvación, la que se usa para proporcionar la vida eterna, a menudo requiere que el material sea asimilado rápidamente. Por eso, existe el programa universitario de varios años, y al mismo tiempo se imparten cursos facultativos, en la misma plataforma, grabovoi.world.

En los cursos facultativos se enseña sistema de promoción de las Enseñanzas, sistema de explicación (elucidación), sistema de interpretación de resultados prácticos. Estos cursos se imparten en la plataforma grigori-grabovoi.world, también por los profesores licenciados y personas físicas o jurídicas licenciadas.

Al mismo tiempo han hecho otra pregunta: ¿Por qué en el acuerdo de la oferta están solamente veintiocho países de la Unión Europea, Japón, China, Australia, USA y Serbia? En este caso, se enseña en el territorio de estos países, porque aquí la marca está registrada. Por eso, en el territorio de esos países se crean cursos sistemáticos, instituciones educativas sistémicas. A través de esos países transcurre el proceso de educación.

Por eso, el que tiene licencias o sublicencias, ellos trabajan precisamente en el territorio de esos países. En términos de la parte legal del proceso educativo, se hace mucho para el aprendizaje sistémico de las Enseñanzas. Quién se inscribe en los cursos de educación en el programa de la Universidad recibe todos los materiales de las Enseñanzas, correspondientes al curso preciso, y puede asimilar en el nivel sistémico-fundamental todas las tecnologías de las Enseñanzas. Con un número suficiente de los que tienen una educación básica en las Enseñanzas, así como aquellos que tienen un alto rendimiento, incluso en la parte educativa de los cursos individuales, ellos crearán el nivel adecuado de gestión en la Consciencia Colectiva. Y juntos crearán un nivel que acelerará drásticamente los procesos de la creación de la vida eterna y rejuvenecimiento. Por eso, para que estos procesos —así estaba formulada la pregunta— se realicen más rápido, es necesario, que la mayor parte de la gente practique las tecnologías.

Por cierto, entre otras preguntas relacionadas con el tema de rejuvenecimiento, había preguntas como: ¿por qué, por ejemplo, algunos profesores que aprenden —precisamente profesores de las Enseñanzas— ellos no rejuvenecen rápido?

Noventa por ciento, por lo general, signos externos disuasivos de rejuvenecimiento, es el proceso de adaptación psicológica. Tuve un caso práctico en el año 2001, cuando una mujer, la que simplemente usaba las tecnologías, había rejuvenecido de tal manera, que el notario se había negado dar fe a su firma, porque no la reconoció, no pudo identificarla con el pasaporte. Y, de hecho, cuando llegó, yo mismo descubrí un rejuvenecimiento bastante brusco en poco tiempo. Tuvo que traer a sus parientes, para que pudieran identificarla ante notario.

Por eso, opino, que aquí lo más importante son los elementos de la psicología del comportamiento. Para rejuvenecer rápidamente, o bien la persona tiene que cambiar el lugar de estancia, pero por lo general no es necesario, y raro que alguien vaya a resolver este problema, por eso antes de rejuvenecimiento se requiere hacer la preparación psicológica del entorno para ese evento. Eso quiere decir, comunicar acerca de los métodos de rejuvenecimiento, impartir charlas sobre ese tema, posiblemente organizar algún círculo de rejuvenecimiento, en pocas palabras, actividades sociales normales como parte de la solución de la cuestión, lo que se llama rejuvenecimiento para la vida eterna. Así va a parecer muy confortable y se desarrollará favorablemente para todos.

Aparte de eso, como ya he dicho antes, existen personas que se sienten cómodas con una determinada edad, digamos, siendo ya mayor, y, posiblemente, no todas personas anhelan precisamente apariencia joven física. O sea, yo conozco a un científico, el que dice, que necesita ser de una determinada edad, avanzada, pero hace que sus órganos internos se rejuvenezcan, de forma muy efectiva.

Es decir, cada uno, gozando de plena libertad de elección, puede elegir alguna edad, y, por ejemplo, permanecer allí, o a través de la explicación, como yo ya expliqué, rejuvenecer para que todos lo vean. En términos generales, esta parte también es bastante importante, es precisamente la adaptación de la sociedad a los medios de rejuvenecimiento en la vida eterna, y por supuesto hay que desarrollarlo.

Otra pregunta más, respecto a las tecnologías de gestión de eventos, es la siguiente: tenemos coordenadas del campo de gestión (las coordenadas de esfera de gestión estándadas), entonces ¿qué ocurre con la esfera durante las gestiones? ¿Dónde puede estar? Es decir, ya tenemos las coordenadas de la esfera de la gestión, primera parte de la pregunta: se trata de la primera parte del webinario. Y ¿qué ocurre con la esfera de todos los eventos durante la gestión y dónde podría estar?

La esfera de todos los eventos está por parte de la espalda.

Siguiente pregunta: ¿ocurre el rejuvenecimiento en todos los eventos de mi vida inmediatamente?, ¿esto es así?

El rejuvenecimiento ocurre en el tiempo actual, ya que es un proceso que tiene que ver precisamente con el tiempo actual. Y la parte de control, puede ocurrir en mayor parte, en la estructura del futuro. El tiempo pasado aquí tiene que ver más bien para determinar la edad deseada, o sea, tomar la decisión acerca de la edad para rejuvenecimiento.

En general, en el rejuvenecimiento para la vida eterna, precisamente para garantizar la vida eterna es importante comprender lo siguiente: por supuesto, es necesario tener el control sobre los eventos futuros externos, y mantener respectivamente en la forma correcta los eventos pasados, los que son útiles para rejuvenecimiento, para que no se pierdan en la información del pasado.

Para ello, simplemente puede elegir algunos eventos del pasado útiles para usted y actualizarlos periódicamente, renovarlos, según el tipo de recuerdo, hacerlos más explícitos.

Y en mayor parte, para crear todos los eventos futuros, incluyendo el garantizar la vida eterna en el diseño de los eventos. Es decir, si usted en el proceso de garantizar la vida eterna, dedica más tiempo a otro diseño de gestión, entonces usted puede usar ese tiempo precisamente para ello, ya que siempre habrá momento para rejuvenecer.

Claro, quien tiene la posibilidad de rejuvenecer, y dispone para ello de un ambiente tranquilo y suficiente tiempo, esto se puede hacer ahora en cualquier momento. De esta manera, para comenzar proceso de rejuvenecimiento activo a partir del tiempo actual, es necesario trabajar primeramente con la información del futuro, para que no haya eventos problemáticos, lo que podrían de alguna forma obstaculizar el rejuvenecimiento.

Todos comprenden, que es necesario garantizar el proceso, que no genere problemas de salud, o que no exista en futuro: no puede haber ningún tipo de amenaza para la vida. Éstas son las bases, que tienen que trabajarse primeramente. Y ya al resolver por medio de gestión dichas cuestiones, se puede trabajar tranquilamente en el rejuvenecimiento hasta lograr la edad deseada.

Para los que consideran que no requieren rejuvenecer en el momento actual, pueden emplear las tecnologías del webinario de la primera parte, y otros métodos de rejuvenecimiento de acuerdo a las Enseñanzas, eligiendo un punto en el futuro, donde quisieran aplicar esas tecnologías, y prepararse con anterioridad para el comienzo de sus realizaciones, garantizando todas las posibilidades, para que se realicen forma rápida.

Con esto yo termino la parte del webinario dedicada a responder a las preguntas. Muchas gracias por la atención, y participación activa. Me gustaría decir una vez más, que todo el material estará disponible próximamente, después de procesarlo, es decir, traducciones, audio y enlaces de la grabación del vídeo.

Gracias, saludos. Que les vaya muy bien.

Made in the USA
Monee, IL
27 October 2023

45312429R00018